JN410525

Yung H. Liew

시인 류영환

산정수훈

류영환 제6시집

산정수훈

Poetics 시학

■ 시인의 말

나의 시, 나의 인생

일찍이 프랑스의 실존주의 철학자 사르트르Jean Paul Sartre는 "인생이란 탄생Birth과 죽음Death 사이의 선택Choice"이라 했다. 그 선택이 나에게는 언어의 집인 시요, 또한 신앙이다. 그래서 나는 시를 신앙으로 쓴다. 내 시 속에서 만나는 당신은 어려서는 내 아버지였고, 젊어서는 내 애인이었고, 늙어서는 나 자신이라 감히 말할 수 있을 뿐 아니라 성경을 시와 소설처럼 쉽게 읽을 수 있다. 기독 정신을 발상으로 하여 이를 신앙의 발현과 함께 인생 탐구에 연계시켜 재구성함으로써 시적 능력을 고취시킨다 하겠다. 고로 나에게 신학과 시학은 하나님과 십자가 예수의 관계가 아닐 수 없다. 다시 말하면 신학과 시학의 일률론이 아닐까 한다.

2015년 3월 12일

류영환

차 례

제1부

제2부

제3부

제4부

제1부

만월, 그 비움의 충만을

태풍의 눈인가 하늘문 열고 떠오른다
속살에 씨알별들 총총한 황금 로고스가
빈촌의 길가 작은 물웅덩이에서

환하게 무게 잡는 만월의 겸허한 표정을
철썩! 주우려다 놓친 것은 너와의 해후
어쩔 수 없는 나의 첫 키스였을까마는

웬 고라니 느닷없는 울음소리에 귀가 쫑긋
후다닥 피하려다 눈길 마주친 찰나에도
그대였을까 두리번거리는 틈을 타서

땅끝 물웅덩이로 옮겨 앉는 만월을 보니
시침 뚝! 이녁의 텅 빈 충만을, 야위어 가는
달빛살로 하늘에 솔발을 놓고* 기운다

---

* 솔발을 놓다 : 비밀을 알아내어 마구 떠들고 다니다.

겨레의 소리, 소리들

1. 가얏고 산조

하늘의 기쁜 가락 연잎 위 물방울
방울방울이 따로따로 똑똑똑
땅에 꽃 피워 하늘로 튕겨 올리니
지상의 무릉은 그 어드멘가

2. 대금을 노래함

유연 장쾌하게 뻗어 가는 저 소리
바다를 잠재우는 신라의 소리인가
천년의 맑은 숨결이여
긴파람 큰 한소리 울려 퍼지나니

3. 해금

사람의 마음 가슴을 쥐어짠다
끝내 삭정이 앙상하게
영혼의 신음 소리는, 누구의
한 허리 베어 내는 절명시인가

비로소 되살아난다

인생에 온새미로 좌절하셨는가 봅니다
실패한 세상사로 죽을 맛이라면
누구 트집바탈 말고 그 연유를 찾아보세요

그러면 살아 나갈 노하우가 생긴답니다
허공에 움트겠다 그 씨앗 마음눈 뜨면
햇살 따스한 관심과 배려가 다가오리니

꼬이고 맺힌 응어리 서서히 풀리고서야
비로소 남의 고통도 헤아릴 줄 아는
삼정三正* 되살아난다니 그게 서로 다른 건가요

하늘에 빗살생명의 스펙트럼을 꿈꾸는 저
절벽에 영원을 길어 올리는 고독의 소나무들
몸과 마음에 안식과 평화가 깃든다 하니

---

* 삼정三正 : 천, 지, 인의 올바른 도리.

물방울 연가

— 김창열의 〈물방울〉 시리즈에 부쳐

수정 맑은 인연의 매듭이었지요

처마 밑 삭풍을 꽃밭으로 매듭지으려
그대와 나 사이에
모질게도 박혀 내려온 사랑의 옹이

어느 날 그 옹이가 고드름으로
녹아나면, 저렇듯 서로가 홀로인 몸을 낮춰
흙을 보고서야 열매로 송골송골 솟아나리니
방울방울이 그대로 땀방울인 물방울 연가

태어날 때 알았지만
잊고 살아온 그 땀방울들 하나하나 뭉쳐
옹달샘 차고 넘쳐 강물들 이루더니
젖과 꿀의 바다로 흘러가지요

죽을 때 홀로 되새기는
지난 삶의 편린인 그 눈물방울들
방울방울이 해탈을 이루고 있지요

오동꽃

죽어 깨어나는 그루터기, 살아 눕지 못한다
몽땅 잘린 저 나무도 뒤태를 거느리는가

혈관을 역류하는 푸른 물결 가부좌 틀고
외곬 정신의 몸뚱이 해를 물고 솟아오른다

생전에 심은 나무 외계에서도 기르시는가
출입문 창살마다 소복 쌓이는 풀벌레 울음소리들

낱낱이 귓속에 담고 저 금속성의 몸을 키우시더니
거듭나는 말로 죽음을 기억하며 살아라한다

청명하늘 불칼춤에 봉황*을 깃들이게 하는
오동꽃, 웬 회오리에 교태로 지분거린다는가

* 봉황 : 성인이 세상에 나올 때 나타난다는 상상의 새, 오동나무에만 깃든다.

소금과 물방울
— 소금 시학 · 1

자신을 내어주고 남의 눈을 뜨게 하는 소금
골 깊은 언어들이 제집을 찾아 나선다니
깊푸른 사유의 골짜기 참 아득하다

물방울 다 고수레하도록 속웃음 내보이며
쓰리게 제 몸 절여 세상을 썩히지 않는 한 줌 고요
빛의 맨 낮은 곳에 제 뼈의 성채를 쌓는다

삶의 등짐 진 빗살 문양을 긋는 짠살이 나뭇결 속
사막에 샘물 솟아 목숨꽃 피워 내는 오아시스는
불에 타지 않는 소금과 물방울의 사랑 아닌가

멋과 맛의 촉수 뻗치는 무한소금 시학이라
먼바다 고래 주둥이 속에 소금빙산 솟아나니
버캐꽃은 이심전심의 묘체 그 하얀 결정인가

지혜로 살아가게 하소서

과거사를 뉘우쳐 아픈 인생에
앞날의 꿈을 앞당겨
오늘을 살아가게 하소서

믿음의 행함에 사는 것은
육안 심안 영안을 두루 통해
천안天眼에 들어 지혜로 살아가는 것

내면의 눈빛으로 어둠살 조명하여
시공을 초월한 철리에 꽃피우는
영원에 들면 안식을 준다 하니

죽염竹鹽 소네트
— 소금 시학 · 2

연좌제로 푸르러 가는 겨울산 대나무 숲
변비라곤 모른 채 살 것 같은
긴 공백의 끝, 돈오점수頓悟漸修에 이르렀는가

방귀를 뀌어도 자작나무 하얀 내음이 난다
세상 썩어 가는 걸 탓하지 않고
악취를 풍기지 않으며 제 속을 비운다

네 흰 뼈의 충절이 세상의 주인이 되고서야
거기 느낌표로 서 있는 죽염의 단호함에
무릎 꿇고 두 손 모아 하늘 우러를 일이다

하늘의 저울

— 소금 시학 · 3

인간의 안식처는 로고스의 본향입니다

모천의 격류를 거슬러 올라와서
알 낳고 죽는 연어의 귀로에
생성과 소멸을 함께 하는 그곳은

태어나면서부터 품고 오는 게 원죄라나요
신의 저울로 최소치 함량을 달아 놓은
내 눈물방울에 섞인 소금기는 무엇인가요

내 슬픔의 뒤안길에는 죄책감으로
회한 가득 마음 아프게 출렁이더니
어둠을 몰아내는 건 오직 빛뿐인데

춥기만 하여 칼바람에 말문이 막히는
오늘은 왜 내가 갑자기 환해 오는 겁니까

씨알 묵상 중

— 시월 경인아라뱃길에서

바람 바람 하염없이 머물렀다 지나가고
나무둥치 바람에 흔들 흔들리더니
잎새만 가을 단풍 발라드를 치면서
비어 언 땅에 떨어져 온몸으로 거름이 된다

아~ 내 앞날의 팍팍한 삶도 저렇게
성마른 시공에 휘몰려 떠돌아다니다가
내내 지나치고 흔들리고 떨어져
돌연 상한 갈대로 꺾여 버리지 않을까

그 누구에게, 언제라도, 이를테면
마침표 아닌 다만 쉼표로 머물기만을
결마른 나뭇잎 무상에 영생을 구현하는
바람, 바람은 목하 씨알을 묵상 중이다

나무보다 좋은 시

— 소금 시학 · 4

나무에 시라는 것은 이처럼 아픈 것인가
제 몸 살을 야멸차게 찢어서
간내 나는 절벽암바다에 갈기 세운 채
천년 빛 화살 달려오는 바위섬 위에서다
소란스레 숨 막히는 마음 고요에
허공의 씨눈 불꽃으로 흩날리다가
마법처럼 자라고 익어 오는 열매를 위해
화살의 표적은 바위섬 속 나무 시학인 것인가
눈 어두워 보지 못한 그 속살의 화살나무
동물의 탄소 배출로 나무가 울창하지만
나무의 산소 배출로 사람을 살리는 맹목은
마음의 창에 무지개다리로 떠오른다니

귀로 방언하고 눈으로 듣는 영성 충만한
나무 그 열매보다 좋은 시가 세상에 있을까
화룡점정*으로 나무바다에 별천지 구현하는
하늘 우러러 나무에서 안식 구할 일이다

---

* 화룡점정畵龍點睛 : 비상하는 용의 그림을 그릴 때 마지막으로 눈동자를 그려 마감하는 화법.

빛과 사랑, 그 초인의

숨 막히는 아픔인가 눈으로 나눌 수 없는
내면의 환부 덩이를 떼어냄으로써
살아서 죽는 통증으로 생명을 회복시킨다

신은 가끔 죽었다 다시 살아난다지만
어느 하늘 생명의 기치로 내려온 초인이기에
소리 없는 폐허의 고통에 남의 몸 살 돋게 하는가

환부를 원상회복시킨다니, 그 상처의 흔적은
서산 너머 아픈 노을꽃 내면 비추는 거울에
새롭게 고혹蠱惑의 동산 떠오르는 너는 누구인가

지상에 은성하는 어둠보다 더 큰 사랑,
마음 따뜻이 데워줄 등불 하나 내다 건다는데
관용과 배려 없는 바벨탑 무너지고 있다

조개가 농사를 지어 준다

— 소금 시학 · 5

— 미국 캘리포니아 주 해안에 서식하는 자이언트 삿갓 조개는 몸에서 나오는 끈적끈적 특수 액체를 비료 삼아 바다풀을 기른다

삿갓조개는 아침마다
바다에 떠 있는 농경지로 나간다
밀물 썰물에 맞춰 농사를 짓다가
저녁이면 다시 집으로 돌아온다

짠살이 조개가 출퇴근을 한다고?
아세요?
종種의 경계를 잘 보존하면
조개도 자연의 농사를 지어 준다는 걸

그러나 두렵다
종의 경계를 뛰어넘은 키메라*는
종의 파멸이 아닌가
자연의 순리를 배반한

---

* 키메라chimera : 사자의 머리, 염소의 몸, 뱀의 꼬리를 하고 불을 뿜는다고 전해지는 그리스신화에 나오는 괴물.

수도사, 성진이

겨우 일곱 살 난 성진이가
하늘공원 오르는 길섶에서

"낙엽을 밟으니 빗소리가 나네요. 할아버지!"

농익어 결마른 하늘 끝 만추에
비울수록 가득 차오르는 목마름

—저 소리 없는 아우성이 들리느냐 성진아

어둠 속 눈뜨는 노을 한 오라기
생명은 참 기쁜 수도사구나

거꾸로 보는 세상
— 소금 시학 · 6

바다에서 태어나지만

바다로 가기만 하면

형체 없이 사라지는 것은

소금인가

나의 인생인가

달맞이꽃

주방이자 안방이고 변소인
내 몸은 누구의 집인가

울타리가 있고 문패도 달려 있는
땅에 뿌리 내려
하늘 이고 제 몸 늘리는 동안
뭔가 믿는 데가 있어
나름대로 삶을 완성해 가지만

어느 날 산허리 스쳐 지나는
흰 구름 따라
지난 삶의 자취를 지워 가야 하는
영혼의 노을 창에 가득
으스름 달빛 피어난다, 달맞이꽃

나비효과

누구나 제 안의 속도로 세월을 산다
나비는 날갯짓에 세상을 얹고,
이십 대는 이십 Km
삼십 대는 삼십, 사십 대는 사십 Km로
들고양이처럼 사각사각
시간을 갉아먹으며 날아오는 나비 떼
그 날개를 타고 바람 따라 흔들리다 보면
카오스이론에 따라
(특히 오십 대 이상은 다 같이 백 Km가 넘는다)
빨라진 속도에 혼돈의 시야는 더 넓어져
뉴욕이 아닌 서울에서도
엉뚱한 토네이도에 휩쓸린다
예의도 순서도 어디로 날아가 버렸는지
먼저 가는 사람을 누가 형이라 했던가

여명을 알리다

일출을 품어 안고
계룡산 천황봉 오르는 길목
낭랑하고 긴 종소리
여명을 알린다
동학사 골골에 울려 퍼진다
거북 등을 가진 용에서부터
세 발 달린 금계에 이르기까지
설화 속 온갖 중생들도
생사 불문하고
그 여운에 젖어 화엄 세상에 든다
오늘 하루 읽을 살아 있는 경전
부처의 빛발 소리에
밤새 길 밝히던 가로등불
하나둘 꺼지기 시작한다

제2부

그를 평생 머슴으로 부렸으니

삼십 년 가까이 거실 벽에 걸려 있던
스위스산 장식용 시계가 고장이 났다
태엽 감기는 수컷봉의 각이 헐어져
태엽키의 암컷구멍을 헛돌아
그 맞물림 작업이 잘 안 된다는 것
이 시간의 역사적인 정사 복원을 위해
제기랄 수리비가 팔만 원, 아직도
한 시에 두 번 종 치는 투정에 화가 나서
새것 하나 사는 게 낫겠다는
나의 푸념에, 수리점 주인의 말
이 시계는 불알이 정교해 비싸다고
삼십여 년 관행의 밥을 미끼 삼아
이 희한한 사역에 그를 평생 머슴으로 부렸으니

새경 한 푼 안 받고 집세도 안 냈는데
뜰 안에 봄만 자욱이 당도했었구나

하룻밤 바다 랩소디

— 보이는 꽃만 꽃인가

누가 바다의 광시곡狂詩曲을 내려다보고 있을까
박제당한 빛의 광안리 밤바다에 광안대교가 떠 있다
행렬 지어 불 밝히는 일층과 이층 욕망의 순환로
삼층에는 누가 있어 피로 새긴 언약을 연상케 하는가

돌들이 솟구쳐 이룬 바위섬의 환호성에
돛단배가 재즈 가락으로 돛을 흔들어 대고
고기 떼가 하늘과 입 맞추려 튀어 오르는데
난타바람의 북소리에 바다는 볼을 붉힌다

이윽고 영혼이 세월만 키운 육신을 빠져나가면서
적막을 흔들고 파도는 별빛 간 곳 몰라 울부짖는데
웬 무화과나무는 뜬금없이 춤을 추는가
여명의 그 원초적인 빛을 꽃이라고 읊조리면서

숨은 방에 씨앗 빼곡한데 그 꽃의 부재는 남몰래 피운
씨앗의 어머니! 누가 부재는 존재의 모태라 했던가

꽃 속의 꽃에 생명 시의 태동이 없었다 하겠는가
창조의 눈에 그 신비경이 보이지 않았다 하겠는가

거꾸로 서서 사는 나무이고 싶다

— 거꾸로 십자가에 매달려 죽은 베드로의 회개와 독일 신학자 카를 바르트의 천국에 대한 지론 「거꾸로 펴 세운 우산」에 부쳐

묵정밭 정수리는 땅속 깊은 곳에
겨자씨로 터 잡아 콩나물처럼 촘촘하지만
길고 튼실한 뿌리들로 우주의 중심축을
물고 늘어져 생명수를 자아올린다

눈과 귀로 보이지 않는 것들 보고 듣고도
나무는 바람의 입으로만 속삭일 뿐 침묵한다
굽은 육신은 수승화강水昇火降 기운에 흔적 없이
뒤집히고 거듭나 하늘씨의 분화구가 된다

좁은 문의 통로가 된 제 몸 역발상의 효과로
하늘에서는 은유隱喩의 파고로 출렁이지만
땅에서만은 깨어 있는 진리와 사랑으로
직유直喩를 사계에 심는 나무이고 싶어라

자목련 한 그루 심고 싶다

십 년째 기다려도 오지 않는 그녀를 찾아간다
긴 인파의 체증 피해 바람 타고
그녀의 처소가 있는 천안으로 간다
사철 꽃동산 속 두꺼운 돌문
아무리 두드려도 인기척이 없다
나들이 갔나 보다고 서운해지려는 찰나
십 주기의 무겁고도 긴 잠에서 눈 부비고 나온
그녀가 수많은 세월을 아름드리 안고 살아온
자목련나무의 터진 허리춤에서
수줍은 얼굴을 내밀고 배시시 웃는다
여보, 건강하시죠 바람에 흔들리며 인사한다
나는 그 애틋한 꽃잎에 입맞춤하고 돌아선다
하지만 그녀는 고목의 허리춤에서라도
다시 피지 않고는 못 배길 꽃망울인가
영원의 거처는 자목련뿐이었는가
날개 없이도 진한 생명력으로 나는
하늘정원에 더욱 자목련 한 그루 심어야겠다

사랑의 피돌기처럼

내 몸 띄운 비늘로 지느러미 펄럭이며
너에게 가고 싶어서
눈만 뜨면 나를 흔드는 바람 탄다
저 가슴 허는 비명에도 개의치 않는
두 눈만큼은 동그랗게 뜨고
너를 사랑하고 싶어서
시냇물 몸 뒤척이는 소리를 낸다
내 몸속 어딘가에서 흐느끼고 있는
사랑의 피돌기처럼
절망에도 보란 듯 웃음 짓고
태연하게 너를 사랑하고 싶다
내 몸 어딘가에 흐르는 시냇물 따라
시간의 은비늘로 반짝이며 반짝이며
너에게 네 하늘로 다가가고 싶어라

가을 산, 단풍 소나타

내 몸에 깃들어 살면서도 나를 부리는 상념들
유독 코스모스 피어나는 가을이면
설악산으로 낙엽통신을 띄운다
제 살 태워 가는 단풍의 사랑 그 아우성에
계곡마다 울긋불긋 소신공양 무리들 앞에
웬 여인네의 얼바람은 그리 세차다는가
가야 할 때를 아는 소멸은 시원의 영생인가
그 목마른 주술에 사무친 산들바람 소리들
밤엔 별들이 낮엔 새들이 엿듣고 간다
제 살 물들어 단풍으로 타는 영혼의 아궁이에
생명의 불길이라도 지피시고 있는가
주리고 떠도는 분신들 그 낙엽들에게
봉정암 적멸보궁의 사리舍利라도 실컷 먹이리라
나무들의 야상곡도 조곤조곤 들려주면서
이젠 살아 있는 저 산속에 세 들고 싶어라
이생의 가을 저물기 전 달빛에 잠 못 든 청솔
산허리에 오달진 집 짓고 오순도순 살고 싶다

왜 허리 꺾이는 유혹을 느꼈는가

글로리아빌 501호에 누군가 이사 오던 날
바깥에 직립으로 서 있는 크고 작은 가구들
그 가구들과 밧줄만 보였는데, 그날부터
잡쓰레기 생각의 뇌관을 드릴로 쪼기도 하고
뇌리에 숨긴 즐거운 욕망도 못 박기로
수없이 두들겼지만 그들의 정체 알 수 없었다
고요로 설레고 침묵으로 다독이면서
우리는 내밀하게 서로 교감하고 있었지만
가구는 생나무 시절 내면의 뒤채는 물소리로 찰랑댔다
하수도 파이프는 배설물 소리로 꿀럭거렸고
변기는 하루 몇 번씩 클릭클릭 몸부림쳤는데
501호 바로 아래인 내 집도 아래층으로
못 박으면서 윙크를 보내긴 했지만
모두 얼굴 감춘 소음의 모스부호만
구조신호를 보냈을 뿐 소통이라곤 없었다

세상은 죽기 살기 샅바 싸움

눈발 속에 한 송이 매화향 찾아 온종일
산천 들모롱이 헤매다가 허탕 치고 돌아오는
해 질 머리 시청 앞 광장에는
불꽃 띠 독 오른 사람들 떼 지어
결사반대! 피켓 높이 들고 왁왁 데모 중
충돌의 와중에 얻고 잃은 자 없어 보이는데
영하의 날씨에 죽기 아니면 살기라네
하지만 그 누구는 사람 아닌가
잔광에 총망총망 귀가 중 모두 살아서
세상 막장 지하 블랙홀로 꾸역꾸역 들었다네
마치 은하계로 떠나는 막차라도 타려는지
집에 돌아와 확인해 보니
베란다 숲 속 웬 눈꽃 몇 송이
아내가 몰래 꽂아 둔 관상용 조화였다고
순간 동상이몽이 뒤통수를 후려친다

푸른 기도

— 참회의 연가

이제는 온실처럼 시간을 앞당겨서
이십 년을 십 년인 양 아껴 살아야 할 때입니다
첫째, 일 년 중 유월을 십이월로 사는
은혜 싱싱한 아침에 초록 잎새들 사이로
반짝이는 햇살이고 싶습니다
둘째, 허락하신다면
밤새 주신 안식과 평화로 영근
이슬방울 위에 가난한 마음을 새기고
팔월을 다음해 이월로 드리울 잎새들의 그늘 아래
일렁이는 갈맷빛 사랑이고 싶습니다
셋째, 마지막으로 허락하시면
항시 나무들의 대화는 마음의 푸르름도 익히기에
시월을 다음해 사월로 회생시키는
사과처럼 볼이 붉은 과실이고 싶습니다
그러하오나 사랑하는 이여!
미풍에도 날개 펴는 아직도 여린 기도는
언젠가 찾아올 원색의 시간을 위해
꿈도 종종걸음 색실로 엮으며

사랑했기에 미워한 모든 것들을
진실로 다 용서하며 살고 싶습니다

루체비스타 별은 빛나건만

하루 치 피땀 흘린 노을이 산 능선을 넘어가면
어두움이 달을 데리고 걸어 나온다
알약처럼 그 달을 한 입에 꿀꺽 삼키니
내 몸이 벌떡 깨어나고 속이 화~안해진다

절대 고독의 한 점 섬인 내 몸속으로
누군가 번뇌의 가슴 스위치를 누른다
각양각색의 전구 알들 알알이 내비치는
빛과 색의 황홀한 조합들이 일목요연하게
하늘꿈의 향연 루체비스타*가 된다

아~ 통곡의 벽 앞에서 그렇게도 갈망하던
이상향이 내 안에서 깃발로 소리치고 있구나

---

* 루체비스타Lucevista : 빛의 축제. '루미나리에' 라고도 한다.

나뭇잎 경經

일탈을 꿈꾸는 내 생의 뜨락에
가을 고요를 깨뜨리는 가랑잎 바람
햇살 살점 우르르 떨뜨린다
저 단풍잎의 오체투지

그 생의 은유가 참 붉고 깊구나
살아 있는 나뭇잎 경經! 오늘 읽고서
맑은 하늘 적요에 드는 일이 저리도
가벼워져야 비로소 얻어지는 것인가

내 영혼의 뼈대가 아직 단단하고
마음 그늘 이다지도 어두운데
하늘이 내 한 생애처럼 무겁다

별들의 세계만 보일 터

인생의 눈높이에는 언제나
그 높이만큼의 지평선이나 수평선이 떠 있다
그보다 위는 하늘이고
아래는 절반의 땅과 물이지만
가뭄 속 물웅덩이 올챙이 신세로
성냥갑 따닥따닥 붙은 아파트며
신음하는 자연환경의 오염 현장 등등
고개 숙이고 땅만 보고 살지 않았던가
꺾인 허리 바로 서게 고개 쳐들면
해와 달과 별들의 세계만 보일 터인데
하늘은 여전히 파랗고 우리는 아직 젊다
시간과 공간 너머에 이젠 친구여
한낱 겨자씨*로 왔다 갈 영원의 하늘나라를
앞당겨 살면 얼마나 좋을까
너와 나의 이 세상은
그린 듯이 유토피아 되리라

---

* 겨자씨 비유(『마가복음』 4 : 30~32) 인용.

관능의 절정을 베끼다

하늘은 에덴만 있는 곳인가
무게 중심 없는 별들 만유루없이*
은하수 따라 흘려보내다가
달빛마저 흘릴 뻔하자
겁에 질린 달덩이가
구름 장막 등 뒤에 숨었지만
순명의 너그러움에
희디흰 외눈썹의 신령으로 보이는
고립의 초승하늘 떠받들고 있음은
둥글 해의 소명이라도 품었는가
동틀 머리 으스름달로
벌거벗은 산 능선 위에 제 알몸 포개어
황홀한 관능의 절정을 베낀다

* 만유루없이 : 하나도 빠짐없이.

저 허공은

깨달음은 헐벗어
무게 없는 자리라던가
진실로 깨달아 행함 없는

신앙이 아편이 될 때
거기에는 눈먼 예수도 석가도 없나니
다만 인간, 그리고
인간의 어리석은 욕망만 있을 뿐

우러를 하늘 있으나
디딜 땅 없어도
저 허공은, 마음밭에
사철 꽃 피우고 열매 맺어 주나니

눈부처 돌부처

운주사라 했던가 몇 년 만인가
곱기도 했던 단풍 계곡에서
용맹정진 하던 수행승을 만났는데
새는 수행승을 돌로 매달고
수행승은 새를 시간으로 묶고 있다
운주사 단풍 아직 철 이른데
돌도 제 몸 태워 단풍 들었는가
돌부처가 되었는가
세월 칼날에 형상 잃고
돌이 돌부처가 되는 것은
누구나 일생에 한 번씩은
부처가 되어 보려는 꿈 때문일까
부처님은 스스로 자기 목을 잘랐다던가
이를 지켜본 밤하늘 별똥별 하나
새파랗게 질려 무서리로 내려앉는다

타조駝鳥의 꿈

오라 손짓하는 수평선 따라
파도 타고 걷는데, 가면 갈수록 멀리
더 가면 더 멀리, 자꾸만 달아난다
애걸복걸 그리움의 산만 쌓인다
어느 무인도에 이르러
원망하듯 하늘을 쳐다보다가
그만 전생이 눈먼 무게로 실족한다
이걸 본 먼바다의 물고기들이
밀물의 파도 타고 상륙하여
사람들의 제물이 되었는가
죽어 개미의 밥이 되는가
어느새 나는 새가 되어 군무를 펼친다
나들이 온 생生의 온갖 허물들은
지상에 묻어 두고 하늘로 날아간다
오늘도 그 새들 빈 날갯짓을 바라보며
마음 허공에 바람만 불고 있다

의자

서로 의지하지만
공유할 때를 기다리는
그리움을 안고

그늘 속 회한은
어먼 데, 아픈
앉은뱅이꽃을 피우려나

무궁화 동산의 심장에
우산도 없이 혼자
하늘 쳐들고 서 있다

제3부

배달민족, 연리지 사연

사촌이 땅을 사면 아니나 다를까
배탈이 나서 아니꼽고 아니꼽다 한다
이른바 자칭 배달민족이 아니라
아뿔싸, 배탈민족이란 지칭이 옳거니
혼자라면 다들 엘리트지만, 오호 애재라!
모이기만 하면 순식간에 오합지졸이 된다
서로가 이해하고 도우며 사는
상생의 이치를 알고서도 모르는 체
질시로 편 갈라 저주의 대못 박다니 어이없다
두뇌를 살리는 스마트폰 하나로
우리가 세계가 되는 오늘이기에 망정이지
기술로 먹고 사는 오뚝이 민족을 위해
누가 이 강철결박 굴레를 풀어 줄까
살결에 연리지로 접붙은 한 몸의 뿌리 가족들
허리를 잇는 통일의 열매 맺어 줄 곳
시인이여! DMZ 그곳을 기억하라

빛과 어둠

— 거꾸로 보는 생각 · 2

어둠이 깊을수록 빛은 환해지고

빛이 깊어지면 비로소 어둠이 보인다

물은 구석구석을 채우며 낮게 흘러가고

존 밀턴의 대서사시 '실낙원' 과 '복락원' 은

한 몸의 저주와 축복인 것을 아는가

그분은 누구신가

그대 없는 내 마음의 빈자리에는
그분이 계셔 역사하시는데
왜 내가 이다지도 아득하다는가

샤론의 백합으로 피어나셔서
나비 한 마리 내 마음에 날아드는데
왜 내 몸이 이리도 따스해 오는가

십자가 고통에 부활의 성육신인가
그 진리에 거듭나는 '나'를 깨쳐 보니
비로소 내 몸 으스스 떨려 온다

하늘 품 안에 깨어 있는 나의
중심을 잡아 주는 그분은 누구신가

산정수훈

번뇌의 지상에서 산정을 바라보니, 저
산봉우리 하늘과 맞닿은 줄 알았는데

산문에 들어 머리 들고 올려다보니
하늘은 더 까마득히 멀어져 가고 있었네

빙산에 떠오른 얼음 수도원이었을까
마른하늘 섬광에 뇌성만 요동치더니

돌연 눈발 덧입은 아가페의 그곳에서
땅끝에 해갈 비 흡족히 내리는 사이

벌써 음성꽃동네에 오신 하늘아버지
눈 어두운 장애인들 돌보고 계셨다네

꽃맺이 이미지

— 소금 시학 · 9

풍진세상 회오로 아리따운 저녁 노을꽃
추레한 노숙자는 어디 가고 없을까
허기평심 눈부처로 저 노을을 끌어안고

돌꽃은 지는가 하면 열매로 튀어오른다
사는 게 다 그렇고 그렇다지만
끝나는 그곳에서 더러 시작도 하리니

소금이 짠맛을 잃어 가는 오늘의 지상에서

비우고 낮아져 배불러 오는 노을은
해산의 고통을, 그 어둠을 뚫고 떠오를
진리의 찬란한 태양을 꿈꾸고서야

서둘러 하늘궁정에 잠들었나, 그대여

결 추상

나무에만 있는 게 아니다, 결이라는 것은
돌에도 우리 삶에도 있다는 것을 알고 나서

오래된 시비를 보면 마음속으로
쓰다듬고 싶은 간절한 느낌이 생겨난다

돌의 결 따라 잘 새겨진 글씨를 보면
돌을 파서 글자를 새긴 것이 아니라

글씨를 끌어안고 결기와 치열하게
결투를 벌인 석공의 한 생애가 떠오른다

거미줄에 걸릴 줄 모르고, 잠자리는
밤마다 운명의 하늘을 날아올랐을까

제 결 따라 찾아오는 추억의 몽돌집에
문 열고 기다리는 엄마의 젖무덤이라니

별똥별

누가 하늘에 성호를 긋는가 했는데
알고 보니 별똥별 하나

산정호수 고요물결 한가운데
신이 별똥 하나 떨뜨린다

그 점이 그리는 지구의 동그라미 하나

수천 겹 허물 벗고서야 잠잠한
광야에 동백 꽃망울 터지는 소리

도저한 저 소리에 생명숲 짙어 온다

태풍 지난 후

하늘 끝자락 차마고도茶馬古道인가

태풍 끝 오체투지의 가랑잎 하나
싸리비에도 쉬이 쓸리지 않는다

텅 빈 충만의 만근 고요가 흔들리더니

염천 햇살 키우고 나서, 바람이
꺾인 허리등뼈 곧추세운다

마음꽃

이별에 흐느끼는 마음이 아니다

꽃망울에 설레는 그리움

까맣게 탄 마음꽃 빈자리에

사랑의 열매 곧 솟아나리니

죽고 사는 게 뭐 그리 대수더냐

지울 수 없는 얼굴

여름에 지천이면 꽃은 가을에 기도한다
가을에 지천이면 열매는 봄에 씨를 꿈꾸고

가짐의 가치로 지천이면 돈은 새끼를 친다
됨의 가치로 지천이면 자비로 하늘 자녀가 된다

나눔의 가치로 지천이면 자유의 꽃 피어나고
섬김의 가치로 지천이면 하늘이 따로 없다

삶의 가치로 지천일 때 이미 너와 내가 아닌
밀레의 '씨 뿌리는 사람' 에 고개 숙인 복음의 시간

별에 이를 수 있는 것은 기도로 살아서
세상에 지울 수 없는 그 얼굴을 만나는 것

독작獨酌

나에게 잔혹한 오늘 누군가에게는 어떨까
간절히 바라던 내일로 정의하여 준다면
새뜻이 되살아나리 은혜로운 그 기쁨

누구를 위해 좋은 자신을 때려 우는가
문화와 환경의 차이를 극복한 눈총기로
자연의 울긋불긋한 통성기도 품어 안고

행보를 앞서온 마음 하얗게 닦고서야
애음 길 육탈의 아픔 서로서로 그리면서
흙에서 제 몸을 풀면 생명꽃들 피어나리

시간의 등뼈

인왕산 석양을 마주 보고 서서
막바지 단풍이 남김없이 타오르더니
마침내 색색대던 그 빛깔들을
모두 거두어 떠났다

사랑도 미움도 절망도 그리움도
이젠 침묵해야 할 시간

안으로 더 깊이 채찍질하며
찬 개울물에 차돌이 되어 가는 나무들
산등성이를 휘어잡고
'또 다른 저를' 찾아나선다

공空과 색色이 뒤집히는 시간의 등뼈
골 깊은 침잠沈潛의 나목들, 어찌?
어둠의 기원起源을 밝혀낼까
낙엽귀근落葉歸根이라는데

빛과 소금

— 소금 시학 · 10

사해에 염장한 육신의 일탈 그 소금꽃은
긴 세월 작열해 온 빛과 물방울의 기적인가
이천여 년 나이의 종려나무 씨앗 싹텄다 한다
이름하여 성경 중 최고령자, '므두셀라' 라

저주의 면류관을 쓰고 십자가에 매달린다
두 손과 두 발 모두 못 박힌 채
옆구리와 가슴은 긴 창 하나로 찔린
스티그마타*에서 흘러내리는 보혈로

거룩한 언약을 기억하셨으니 곧 부활이라
얼마나 많은 사람이 거듭 태어나고 있는가
지상에는 그 고통보다 더 큰 사랑 없고
그 못 자국보다 더 넓은 세상 또한 없나니

---

* 성흔stigmata : 십자가에 못 박힌 예수의 다섯 상처.

아무렴

목련은 아직도 눈뜰 날 멀었는데
벌써 복수초의 꽃망울 가슴에 움튼다
마음에 그리움만 점점 뜨거워지더니
입춘 바람이 언 강물 녹인다는가

세상에 나오지 않은 어느 악기의 소리로
허공을 입질하는 저 피라미의 모습
마치 느낌표! 같다, 아무렴
개똥밭에 굴러도 이승이 낫지 않은가

그사이 굶주린 까막새 한 마리
강둑 끝에 앉아 기지개를 켜는가 했는데
흰 골프공 하나 희한하게 물고 솟구친다
허공의 젖가슴 탱탱 부풀어 오른다

누구의 유언이기에

빵은 육신을 위한 양식이지만
음악은 영혼을 위한 양식이라서
사람은 빵으로만 살 수 없다 한다

하늘 가득 새의 은총 맑고 향초롭도록
안식의 고향집 가는 길, 아들아 딸아
하이마트*를 잘 부탁한다 세상 뜨면

내 가슴 위 턴테이블 오른쪽에는
너희들과 엄마 사진을, 내 가슴 위
왼쪽에는 헨델의 메시야 판을 올려 다오

그로부터 그곳은 대물림 중
할렐루야! 환희의 송가로, 오늘도
뭇 생명의 앙코르 춤판에 살맛 난다

* 하이마트 : 독일어로 고향, 현재 대구에 있는 클래식 음악감상실 이름.

불화와의 전쟁은 끝이 없다

— 계륵의 평화를 위하여

죽을 때에야 비로소 감옥에서 나온다 닭은
평생을 인공 배합사료로만 산다
꿈의 날개마저 지쳐 축 늘어진
탈출을 위한 필사적인 노력도
무위로, 사람이 만든 낮과 밤에 따라
광기 같은 화가 빚은 알만 낳고 키워지다가
어느 날 식탁에 계륵으로 올려져도
그 살은 허벅허벅해 사람 몸에 화를 벌컥 되돌린다
이렇듯 곰삭힌 화의 닭갈비를 뜯으며
너 나 할 것 없이 화만 낳다가 죽고 다시 살아
새와 고기와 개미의 밥이 되어 떠난다
끝없는 불화의 윤회 속에서
다시 태어나도 불화와의 전쟁은 끝이 없다
고통 없이는 진정한 사랑도 얻기 어렵듯
화합과 평화를 위해
싱싱한 호흡인 자연 그대로 살아가면서
이젠 그만 지상에서 화의 매듭을 풀라 한다
시냇물처럼 흘러가는 자유로 살라 한다
자연과 사람이 몸을 섞고 살아 숨 쉬는, 그런

낚시꾼

해 질 무렵 한 사내
강물에 고개 숙이고
묵언수행 중이다

하늘은 붉고 물은 파랗다

장중한 대자연과의
오롯한 대면을 씹으니
참 고소하다

자화상

삶이 힘들고 하루하루가
버거울 때면 나그네 되어
저 머언 지평선을 찾아나선다

외기러기 날아도
달그림자 없어 슬퍼하는
백야白夜의 긴 여로에

알파요 오메가인
하늘에서 낮게 내려와 다시
땅을 애무하며 자화상을 그린다

거기 묵묵히 서 있는
한 그루 나무십자가를 본다

제4부

지팡이 친구

개복수술로 장기요양 끝에 복띠 졸라매고
오랜만에 지팡이 짚고서 현관문을 나선다

사방 초록산들이 삼지창 세워 나를 호위하고
고단한 시냇물도 제 몸 씻고 흘러간다

머지않아 솔숲 길에 학이 버티니 날은 저물고
바위틈에 이내 서려 몹시 시원해진다

까마득 이십 년 세월 꿈속에 '참나' 를 찾아서
얼마나 부끄러이 무한 구원에 살아왔던가

삶조차 사치라 하니 마음 슬퍼 목메인다
마른 눈물은 하늘이 내리는 치유의 샘물인가

홍채 인식 스마트폰 들고 내가 나를 그린다

난산, 고양이의

자연의 보복인가, 인간이 손상시킨
봄이 엊그제 같은데 귀뚜라미 울음이라

온난화에 열대야에 사람들 잠 못 드는데
허기진 고양이야 말해 무엇하랴

처마 끝 달창에 희멀건 접시 하나 꺼낸다
손을 핥고 등을 비비는 비릿한 궁기에

고기반찬이라 이 둥근 접시달 핥아보게
눈동자에 걸린 달 넷 더 핥아먹고서야
섹스와 동시에 잉태하여 만삭이더니

동틀 머리 영물 고양이가 난산한 것은
독사, 그 혓바닥은 하늘의 형벌 아닌가

메멘토 모리*

누가 물방울 속에 깃들어 우주가 산다 하는가

우주를 유영하는 지구는 떠돌이별
그 속에 내 집이라고 너라고 나라고 따져 대는가

그 누군들 물방울 떠돌이가 아니겠느냐
하늘이 내린 이슬방울 나르시스, 수선화로 피어나지만
너는 밤이슬에 젖어 어느 별을 품고 있는가

이 한밤 물방울 성자의 노동은 참 가없구나

---

* 메멘토 모리MeMento Mori : M자 세 개가 겹쳐져 있는 아름다운 라틴어. "나는 언젠가 죽는다는 것을 생각하라"는 뜻으로 오만하지 말고 성실하고 경건하게, 인생을 보람 있게 살아야 한다는 말.

가랑잎 만추晩秋

황혼에 들면 번뇌로 헤매게 되는 것인가
마음속 서릿발 칼날에 서서 살길 못 찾았느냐

세상 밖 모든 그리움이 길 잃은 환상으로
죽은 듯 살아 있는 이 망망천지에

가도 가도 끝이 없는 그 길은 몇 굽이인가
내 벗은 몸 가랑잎으로 뒹굴고 있으나

생가슴에 잡념이 괴면 고요도 삭는다 하니
비운 마음밭에 꽃 피우면 그곳이 낙원일 터

세상에 누가 있어 이 화엄고요를 품어 줄까
하늘 길잡이로 그대 와서 다행인 이 광야에

두 팔을 만들어 준 것은

뭐라도 하라는 하늘의 뜻 아니겠는가

어쩌란 말인가 다들 팔짱만 끼고 있으니
먹을 것 입을 것 내려 줄 하늘만 쳐다보다니

하늘은 스스로 간구하는 자들의 소유라는데
육신이 된 말씀을 먹고 사는 자들의 은혜라

가리산을 못하는 이들에게 하늘은
빛다발 진리로 심신의 양식 아니었던가

길 가다 보니

풀은 벌써 연초록인가 했었는데
소가 송아지를 부르고
냇물이 불어나
황새가 물고기를 쪼고 있네

초록 근육의 숲이 멀지 않으리라
틀림없이 좋은 마을이 나타나리니

송아지는 어미 풀을 뜯고
어미 소는 냇물을 마시는데
딱히 할 일 없어진 목동은
유록별에 기대어 오수를 즐기네

어부의 아침노을

— 소금 시학 · 7

자연은 분노로 쌓아 올린 첩첩 청산이요
골짜기에 밥내 나는 안개 솟아오르는 것이니

사람 없는 무릉도원 이녁 짠물 바다에
갈매기 떼만 한가로이 노닐고 있다

오늘은 빈 바다 어부도 무심하지만은 않아
서해의 새벽달 하나 배에 싣고 돌아온다

만선인양 중뿔난 초록별의 시샘에, 어스름
하늘 살라 먹으며 아기 해 노을로 떠오른다

마음달, 몸 밖으로 나오다

이젠 모나게 살지 말아야 하겠다

성질 까다로우면 삶의 칼날 섬뜩하다

뼛속까지 바꾸는 마음으로 살아가리라

살아갈수록 거친 성격이 둥글어지더니

어느새 마음 자갈 밖으로 나와 구른다

마음 원각에 평화와 기쁨 고이 깃들면서

먹구름 제낀 보름달, 절로 빛나리라

봄의 만가*

모질게도 이어져 온 파리한 생명체들
봄볕에 파아란 등줄기를 내밀고
열화에 비틀어진 몸뚱이마저
밝은 웃음 꽃망울로 바로 서 피어나지만

아직 불모의 터전인 가슴속에서
회오리치는 꽃샘바람에 아랑곳없이
산천초목과 산정호수의 물결 다
온갖 풋생명의 강강술래로 빙빙 도는데

어느 누구도, 심지어 들풀 한 포기도 나는
나의 체온으로 품고 살아왔는가
사랑한다는 말 대신에, 성의 노예로
꽃 한 송이 피우고 열매 맺은 적 있는가

---

* 충남 보령 시와숲길공원에 시비로 세워져 있다.

거기도라는 섬

남편의 ‘데불고’ 사랑은 진리에 담겨 있고

아내의 ‘더불어’ 사랑은 순종에 잠겨 있다

그 사이에, 언제부터인가

지구의 어느 지도에도 없는

거기도島라는 화산섬 하나 떠올라 있다

그대 산다면 그 가격 어마어마할 터인데

하늘에 물어볼까, 그대 참 걱정되겠다네

영성 꽃

벼랑세상에 흔적들만 높고 깊은
마음밭에 씨 뿌렸더니

비둘기로 날아오르는 영성에
뜨거워 미친 지구가 돌고 돌아서
천둥 번개에 천지가 갈리고서야
돌산에 영원의 꽃송이 만발하니

그곳이 바로 하늘 본향인 것을
삼중감동의 힘은 진실로 크도다

민들레 홀씨

인생이라는 이른바 돌꽃밭에
무슨 꽃들 예쁘게 피어날까
화사한 꽃의 운명은

우연의 심심풀이가 아니라
필연에 피고 지는 꽃의 화엄!
진창의 저 서러운 민들레는

회오리바람에 홀씨 날려
제 힘과 노동으로 이룩하는
만다라의 꽃, 그 파적破寂 아닌가

무지개 영혼

활활 타는 불꽃이 우주라면

그 불을 끄는 물방울은 인간의 영혼이거늘

한 모금 유음의 물방울에 기대어

뜬 눈에 방울방울 고이는 눈물샘 없이

하늘 무지개 다시 뜨지 않으리

재림再臨

— 소금 시학 · 8

아찔한 허공 그 매암돌이 속에
잠들지 못하는 시간, 시간은
은산철벽銀山鐵壁이라는 오늘인가

가슴에 수천 길 마그마 품어 안고
협곡에 휑한 바람으로
마딘 세월 울고 간다더니

사해死海에 십자가로 떠올라서
하늘 몸을 입고 오시는가
대속의 구세주로 다시 오실, 그

내리사랑

— 거꾸로 보는 생각 · 1

오르막길, 더는 올라갈 수 없어

내리막길, 내려오기만 하는

내리사랑은 사랑의 폭포수인가

얼마나 인간을 사랑하기에

베푸시는 하늘의 하얀 은총인가

순천만 갈대들의 부활

저항하면 쓰러지고 다시 일어났다가
또다시 쓰러진다 순천만 갈대들
슬픈 사연들 와온포구에는 그리 많고 많은지
은빛 날개바람에 내몰리면서
물색없이 몸뚱이만 파동치고 있는가
상처 난 숲은 마음풍경에도 살아 있어
무너지지도 사라지지도 않는
녹슨 햇살에 그을린 갈대들만이 와와
회한의 캔버스에 가을수채화를 완성해 간다
물결의 속삭임과 그리움을 물들이면서
이윽고 봄비 랩소디 한소끔에 목말라
여기저기 푸르름으로 묻어날
희망은 아직 멀어도 포기하지 못하는가
뇌리에 공교로이 가지 쳐 가는 생명의식은
회한의 양파껍질 한 겹 한 겹 벗겨 내면서
세상에 하얀 자작나무 숲을 이루어 간다

산울림만 있다던가

행여 떨어질라
고이 모신
연잎 이슬방울은

간밤 비로
흠씬 씻겨 내린 강물 되어
잃어버린 한 마리 어린 양을 찾아
헤매더니

그 강물의 젖줄로 불어
대를 이을 아침 샛강 같은
아기 하나 낳는다

강울림?!
세상 어디에
산울림만 있다던가

석류

뒤란에
풋열매 데불고 따로 핀
꽃 한 송이 언제부터
내게 눈독 들이고 있었던가

염천에 익어 반쯤 터진 껍질 속
알알이 꽃불 밝혀 촘촘한
그 총알총알에 짐승처럼
나 명중되어 쓰러져도 좋으리

근원 지향의 심미적 기원

— 류영환의 시세계

유 성 호

(문학평론가 · 한양대 국문과 교수)

1.

우리가 의사소통의 불가결한 수단으로 쓰고 있는 '언어'는, 직접적으로 사물의 본질이나 진리를 지칭할 수 없다. 말하자면 '언어'는 우리가 본질이나 진리라고 부르는 범주로 곧장 들어서지 못하고 그 주위를 아스라하게 미끄러지거나 서성거릴 뿐이다. 그 영속적 미끄러짐과 서성거림이야말로 언어의 존재론적 숙명일 것이다. 그러나 '시적 언어'는 대상의 외연을 직접 '적시摘示'하지 않고 대상의 내포를 '암시暗示'함으로써 사물의 본질이나 진리에 에둘러 접근하여 '언어'가 가지는 한계를 극복하고자 한다. 상징이라든지 은유라든지 하는 복합적 언술 방식은 그러한 한계 극복의 유력한 장치라고 할 수 있다. 이렇듯 상징이나 은유를 통한 간접화의 속성을 지닌 서정시의 가장 궁극적인 존재 형식은 아마도 시인 스스로 치러 내는 자기 성찰 과정에 있을 것이다. 물론 최근 대두한 이른바 탈脫주체 담론들은 주체의 명료한 자기 이해가 불가능함을 역설하였지만, 우리 시대의 서정시는 여전히 자기 성찰에 대한 열망을 양도하지 않음으로써 경험적 주체와 시적 주체를 통합하려는 고전적 영역을 심화시켜 왔다고 할 수 있다. 석천 류영환 시인의 여섯 번째 시집『산정수훈』(시학, 2015)은, '시적 언어' 를 통한 암시의 방식을 통해 경험적 주체와 시적 주체의 통합 과정을 그 어느 것보다도 아름답게 보여 주는 실례로 우리에게 다가온다.

두루 알다시피, '서정시' 는 시간에 대한 남다른 경험을 통해 기억을 재구성하는 양식적 특수성을 배타적으로 지닌다. 그만큼 서정시는 기억의 양상을 근원적으로 다루게 되고, 우리는 서정시가 수행하는 이러한 원리들을 따라 삶의 근원에 대한 상상적 경험을 첨예하게 치르게 된다. 그 점에서 류영환 시편들은 남다른 기억을 주조主潮로 하는 '시적 언어' 를 통해, 우리로 하여금 가장 근원적인 삶의 이치를 밀도 있게 경험케 하는 미학적 실재로 다가온다. 따라서 우리는 류영환 시인이 그려 보여 주는 근원을 향한 상상의 지도地圖를 따라가면서, 때로는 서정성 짙은 기억의 양상을 때로는 근원을 향한 강렬한 시적 에너지를 경험할 수 있을 것이다. 그때 비로소 우리는 류영환 시학의 정수精髓를 한껏 느끼면서, 동시에 그가 일일이 회상과 애착으로 호명하는 근원을 향한 심미적 기원origin을 온전하게 만나볼 수 있을 것이다. 이제 그 세계 안으로 들어가 보자.

2.

이번 시집에서 류영환 시인은 방대한 스케일의 우주적 상상력, '시적 언어'에 대한 치밀하고도 섬세한 자의식, 구체적 사람살이에서 느끼고 얻은 살가운 깨달음의 경험들을 아름다운 미적 형상으로 보여 주고 있다. 그 가운데 가장 핵심적인 것은 '성스러움the sacred'에 대한 감각으로 현상한다고 말할 수 있을 것인데, 이는 단연 류영환 시학의 존재론적 기초가 되는 동시에 그가 최종적으로 가닿으려 하는 궁극의 세계이기도 할 것이다.

번뇌의 지상에서 산정을 바라보니, 저
산봉우리 하늘과 맞닿은 줄 알았는데

산문에 들어 머리 들고 올려다보니
하늘은 더 까마득히 멀어져 가고 있었네

빙산에 떠오른 얼음 수도원이었을까
마른하늘 섬광에 뇌성만 요동치더니

돌연 눈발 덧입은 아가페의 그곳에서
땅끝에 해갈 비 흡족히 내리는 사이

벌써 음성꽃동네에 오신 하늘아버지
눈 어두운 장애인들 돌보고 계셨다네

—「산정수훈」 전문

그리스도가 주신 산상수훈을 변형하여 류영환 시인은 '산정수훈'의 형식으로 자신의 깨달음을 전하고 있다. 이 시편의 구도構圖는 '산정'과 '지상'의 대립을 통해 선명하게 구성된다. '산정'은 "산봉우리 하늘과 맞닿은" 성스러운 곳이고, 산문에서 바라보면 "하늘은 더 까마득히 멀어져 가고" 있는 곳이다. 그 '산정'에는 "얼음 수도원" 같은 상상의 형상이나 "마른하늘 섬광에 뇌성"이 치는 소리 감각으로 충일하다. 그래서 그곳은 우리가 사는 속진俗塵으로부터 멀기만 하다. "눈발 덧입은 아가페의 그곳"이라고 시인이 명명할 만큼 그곳은 신성神聖이 살아 있는 곳이니까 말이다. 시인은 바로 거기서 '땅(지상)'을 해갈하는 비가 내린 후에 "음성꽃동네에 오신 하늘아버지"가 "눈 어두운 장애인들 돌보고" 계시는 구체적 모습을 발견하게 된다. '산정-돌봄'의 회로와 '지상-번뇌'의 회로가 맞닿으면서, 결국 '산정수훈'은 '지상'의 구체적 육체를 입으면서 현현한다는 시인의 경험적 국량局量이 드러나게 된 것이다. 이러한 시선은 마치 "나들이 온 생生의 온갖 허물들은/ 지상에 묻어 두고 하늘로 날아간"(「타조駝鳥

의 꿈」) 모습처럼, 혹은 "육안 심안 영안을 두루 통해/ 천안天眼에 들어 지혜로 살아가는"(「지혜로 살아가게 하소서」) 모습처럼, 성속일여聖俗一如의 상像을 아름답게 보여 준다. 시인의 넓게 열린 안목과 그것을 수훈垂訓의 형식으로 담아내는 솜씨가 준열하기만 하다.

인생의 눈높이에는 언제나
그 높이만큼의 지평선이나 수평선이 떠 있다
그보다 위는 하늘이고
아래는 절반의 땅과 물이지만
가뭄 속 물웅덩이 올챙이 신세로
성냥갑 따닥따닥 붙은 아파트며
신음하는 자연환경의 오염 현장 등등
고개 숙이고 땅만 보고 살지 않았던가
꺾인 허리 바로 서게 고개 쳐들면
해와 달과 별들의 세계만 보일 터인데
하늘은 여전히 파랗고 우리는 아직 젊다
시간과 공간 너머에 이젠 친구여
한낱 겨자씨로 왔다 갈 영원의 하늘나라를
앞당겨 살면 얼마나 좋을까
너와 나의 이 세상은
그린 듯이 유토피아 되리라

—「별들의 세계만 보일 터」 전문

이 시편에서도 류영환 시인은 "인생의 눈높이"를 생각한다. 눈높이만큼 떠 있는 "지평선이나 수평선"은 그 자체로 하늘을 땅과 물로부터 분리해 내는 구획인 동시에, "성냥갑 따닥따닥 붙은 아파트"나 "신음하는 자연환경의 오염 현장"으로 살아가는 지상의 구체적 사람살이를 가능케 하는 최후의 보루이기도 하다. 그 점에서 "해와 달과 별들의 세계"가 보이는 '지상'은 하늘을 바라보면서 우리의 삶을 실현해 갈 구체적 터전이다. "시간과 공간 너머에" 있을 "영원의 하늘나라"는 그렇게 따로 있는 것이 아니라 "한낱 겨자씨로 왔다 갈" 이 세상과 그리 멀지 않은 것이다. 그러니 '지상'에서 살아갈 우리의 삶을 통해 '유토피아'가 실현될 것이 아닌가. 이는 신약성서의 겨자씨 비유를 통해 우리 삶이 '지상'에서 격절隔絕된 것이 아니라, '천상'을 희구하면서도 '지상'에 굳건히 발을 딛고 살아갈 때 '성스러움'이 구체적 육체를 부여받을 수 있다는 생각을 아득하게 전해준다. 가령 "어둠이 깊을수록 빛은 환해지고// 빛이 깊어지면 비로소 어둠이"(「빛과 어둠—거꾸로 보는 생각 · 2」) 보이듯이, "살아서 죽는 통증으로 생명을 회복"(「빛과 사랑, 그 초인의」)시키듯이, 시인은 이러한 역설을 통해 성과 속이 따로 떨어져 있지 않음을 힘주어 노래하는 것이다.

이처럼 류영환 시인에게 하늘과 땅, 어둠과 밝음, 신성과 세속은 개별적으로 존재하는 것이 아니라, 종교적 상상력의 매개를 통해 한 몸으로 결속하는 범주로 몸을 바꾼다. 곧 시인의 시선은 종교적 상상력을 통해 자연 사물의 움직임을 가장 핵심적인 감각의 매재로 활용한다. 그만큼 류영환 시인에게 '별'로 대표되는 자연 사물이란, 커다랗게 열려 있는 시인의 종교적 상상력을 보여 주는 매재로 변용된 것이다. 그 상상력이 시인으로 하여금 독자적인 '성스러움' 의 해석에 가닿게 하는 심미적 기원으로 작동하고 있는 것이다. 단연 우리 시단에서 돌올한 상상력이다.

3.

근원적으로 '서정시' 는 시인 자신의 개인적 발화를 전제로 이루어지는 언어 예술이다. 하지만 시적 발화가 그저 단순한 독백으로 현상하는 것만은 아니다. 오히려 서정시는 구체적인 청자를 전제로 하여 일종의 대화적 소통을 욕망하는 배타적 속성을 가진다. 마르틴 하이데거M. Heidegger는 본질적 언어란 존재의 진리를 나타내는 언어이며 그것은 대화 형식을 통해 가능하다고 했는데, 이처럼 서정시는 대화적 과정을 통해 '존재 그 자체' 에 가닿으려는 상상적 기록이기를 멈추지 않는다. 필립 휠라이트P. Wheelwright 역시 인간의 본질을 화자인 동시에 청자일 수 있다는 점에 둠으로써 언어의 재귀적이고 대화적인 기능을 존재의 말 건넴과 소통 과정에 둔 바 있다. 이렇듯 서정시는 대화적 소통을 통해 자기 성찰의 태도를 견지하게 된다. 이때 화자가 자신이나 사물이나 청자에 대해 취하는 자세를 우리는 화자의 시적 태도라고 부를 수 있을 것이다. 류영환 시인은 자신만의 고유한 '소금 시학' 을 통해 이러한 시학적 자세와 태도를 구현한다. 그것은 한편으로는 자신을 성찰하려는 포부를 담고 있고, 다른 한편으로는 청자들과의 대화적 소통을 통해 자신의 시학적 견해를 내보이려는 의지를 담고 있다.

나무에 시라는 것은 이처럼 아픈 것인가
제 몸 살을 야멸차게 찢어서
간내 나는 절벽암바다에 갈기 세운 채
천년 빛 화살 달려오는 바위섬 위에서다
소란스레 숨 막히는 마음 고요에
허공의 씨눈 불꽃으로 흩날리다가
마법처럼 자라고 익어 오는 열매를 위해
화살의 표적은 바위섬 속 나무 시학인 것인가
눈 어두워 보지 못한 그 속살의 화살나무
동물의 탄소 배출로 나무가 울창하지만
나무의 산소 배출로 사람을 살리는 맹목은
마음의 창에 무지개다리로 떠오른다니

귀로 방언하고 눈으로 듣는 영성 충만한
나무 그 열매보다 좋은 시가 세상에 있을까
화룡점정으로 나무바다에 별천지 구현하는
하늘 우러러 나무에서 안식 구할 일이다

—「나무보다 좋은 시 — 소금 시학 · 4」 전문

대체로 '소금'이란 그 짠맛으로 인해 정결하고 심미적인 결정성結晶性을 가진 존재로 비유되곤 한다. 류영환 시인은 자신의 시편들이 그 '소금'의 형상과 직능을 가지길 깊이 희

원한다. 예컨대 그는 “자신을 내어주고 남의 눈을 뜨게 하는 소금”(「소금과 물방울—소금 시학 · 1」)을 가장 심원하고 궁극적인 시적 좌표로 삼으면서, 그러한 시선이 “생성과 소멸을 함께 하는 그곳”(「하늘의 저울—소금 시학 · 3」)을 지향해 가고 결국에는 “소금이 짠맛을 잃어 가는 오늘의 지상에서”(「꽃맺이 이미지—소금 시학 · 9」) 자신의 시가 해야 할 대안적 기능을 사유하는 것이다.

시인은 ‘나무’와 ‘시’를 비견하면서 그 안에 배인 존재론적 통증을 예감한다. ‘나무’는 “제 몸 살”을 찢어 스스로를 “천년 빛 화살 달려오는 바위섬 위에” 세워 놓았던 것이다. 고요로 가득한 허공에서 그렇게 ‘나무’는 “마법처럼 자라고 익어 오는 열매”를 간직한 채 서 있고, 시인은 “화살의 표적”이 “바위섬 속 나무 시학”으로 번져 가는 것을 바라본다. “눈어두워 보지 못한 그 속살의 화살나무”야말로 시인이 추구해 마지않는 시학적 정수가 아니고 무엇이겠는가. 이처럼 시인은 “귀로 방언하고 눈으로 듣는 영성 충만한/ 나무 그 열매”를 세상에서 가장 “좋은 시”로 비유한다. 그러한 발견의 순간에 시인은 ‘나무’에서 안식을 구하는 동시에 화룡점정画竜点睛 화법으로 자신의 ‘소금 시학’을 완성한다. 하지만 시인은 시인은 “나무에만 있는 게 아니다, 결이라는 것은/ 돌에도 우리 삶에도 있다는 것”(「결 추상」)을 강조하면서, 온갖 자연 사물에서 ‘시’를 발견한다. 이렇게 이 시편은 ‘나무’와 ‘바다’를 ‘시’로 얽어 놓은 자연 지향의 상상력 안에서 가장 깊은 ‘시적인 것’을 발견하는 시인의 예지가 놀라운 순연성으로 갈무리된 시편이라 할 것이다.

바다에서 태어나지만

바다로 가기만 하면

형체 없이 사라지는 것은

소금인가

나의 인생인가

—「거꾸로 보는 세상—소금 시학 · 6」 전문

거꾸로 바라보는 세상에서 시적 역리逆理를 발견해 가는 시인의 '소금 시학' 이 여기 다시 한 번 펼쳐진다. '소금' 은 비록 '바다' 에서 생성된 것이지만, '바다' 로 가기만 하면 그야말로 흔적도 없이 사라져 버리는 존재다. 마치 인생도 그러하여 시인은 그렇게 "형체 없이 사라지는 것은// 소금인가// 나의 인생인가" 라고 묻는다. 간결한 시 형식 속에 류영환 시인은 존재에 대한 "돈오점수頓悟漸修"(「죽염竹塩 소네트—소금 시학 · 2」)에 이르는 과정을 보여 주는 것이다. 그리고 그 소금 시학의 정점에 "지상에는 그 고통보다 더 큰 사랑 없고/ 그 못 자국보다 더 넓은 세상 또한 없나니"(「빛과 소금—소금 시학 · 10」)라는 종교적 감각을 얹어 놓는다. 이렇게 시인은 '소금' 이라는 성서적 소재에 정결하고 단호한 깨달음의 "외

곬 정신"(「오동꽃」)을 투사投射하면서, "세상에 지울 수 없는 얼굴을 만나는"(「지울 수 없는 얼굴」) 과정이야말로 자신의 '소금 시학'의 본질임을 재차 강조해 간다.

무릇 서정시의 존재 방식을 가장 강하게 규율하는 것은 시간 개념이다. 그런데 모든 시간은 불가역不可逆의 속성을 가지고 있어서, 우리는 오직 단호한 '지금 여기'의 깨달음과 다짐을 통해서만 '시적 현재'를 구성할 수 있을 뿐이다. 류영환 시편들은 일견 무의미해 보이는 시간의 마디들을 충일한 의미의 현재형으로 전환하면서, 이러한 서정시의 원리를 선명하게 보여 주는 사례로도 설명될 수 있을 것이다. 그만큼 류영환 시인은 선연한 깨달음의 과정 속에서, 오랫동안 축적된 '충만한 현재형'으로서 신성하고도 오랜 시간을, 순간적인 '시적 현재'를 통해 보여 주고 있다. 퍽 귀한 일이다.

4.

또한 이번 시집에서는 시인이 존재론적 귀속성을 지닌 공동체 혹은 역사에 대한 애정이 가득 묻어난다. 일반적으로 서정시가 현재에 대한 강렬한 지향을 노래할 때조차 지나온 시간들을 아득하게 응시하고 표현한다는 점에서, 류영환 시편들은 이러한 서정시의 원리에 매우 충실한 성과라고 할 수 있다. 그는 일관되게 자연 풍경 속에서도 '역사'를 읽고, 그 안에서 우리 존재의 '근원'을 상상하는 시인이다. 그의 시편들은 민족의 기원을 상상하는 모습을 취하면서, 신산한 세월을 지나온 민족의 견결한 정신을 담고 있다. 이처럼 오랜 시간 축적해 온 삶의 증언을 깊은 사유와 감각을 통해 표현하고 있는 시인의 모습이 참으로 약여하다. 우리가 시를 쓰고 읽는 것이 우주나 역사에 참여하는 일일 뿐만 아니라 자신의 경험과 기억에 새로운 탄력을 부여하는 의미를 띠기도 한다는 점에서, 이러한 사유와 감각은 우리의 삶이 가지는 관성에 일종의 인지적 · 정서적 충격을 가한다고 할 것이다. 류영환 시편은 심미적 감각과 우주론적 스케일과 신성 탐색의 지향을 함께 지향함으로써, 우리에게 그러한 인지적 · 정서적 새로움을 흠뻑 가져다준다. 다음에 펼쳐지는 공동체 혹은 역사에 대한 관심은 그러한 사유와 감각의 자연스런 결실일 것이다.

1. 가얏고 산조

하늘의 기쁜 가락 연잎 위 물방울
방울방울이 따로따로 똑똑똑
땅에 꽃 피워 하늘로 튕겨 올리니
지상의 무릉은 그 어드멘가

2. 대금을 노래함

유연 장쾌하게 뻗어 가는 저 소리
바다를 잠재우는 신라의 소리인가
천년의 맑은 숨결이여

긴파람 큰 한소리 울려 퍼지나니

3. 해금

사람의 마음 가슴을 쥐어짠다
끝내 삭정이 앙상하게
영혼의 신음 소리는, 누구의
한 허리 베어 내는 절명시인가

—「겨레의 소리, 소리들」 전문

류영환 시인은 이 시편에서 '가얏고' 와 '대금' 과 '해금' 이라는 전통 악기가 뿜어내는 선율을 시적으로 재현한다. 먼저 「가얏고 산조」에서는 "하늘의 기쁜 가락" 이 "연잎 위 물방울" 로 현신하여 "따로따로 똑똑똑" 하면서 땅과 하늘을 꽃피게 하고 솟구치게 하는 것을 들려준다. '산조' 는 판소리, 민요와 함께 민속음악의 대표적 음악 양식인데, 남도 소리의 시나위와 예인 광대들의 음악인 판소리를 바탕으로 하여 이들 음악을 기악 독주곡의 형태로 발전시킨 것이다. 그러니 그 안에서 시인은 '가얏고' 가 들려주는 "지상의 무릉" 을 예감하는 것이다. 그다음 '대금' 을 노래하는 대목에서 시인은 "바다를 잠재우는 신라의 소리" 를 들으면서 "천년의 맑은 숨결" 이 "긴파람 큰 한소리" 가 되어 울려 퍼지는 장면을 보여 준다. 이때 '한소리' 는 영혼을 담은 '큰 소리' 이기도 하고 가장 깊은 음악을 품은 '하나의 소리' 이기도 할 것이다. 마지막으로 '해금' 을 다루는 대목에서 시인은 "영혼의 신음 소리" 를 소중하게 들으면서 "한 허리 베어 내는 절명시" 를 그 안에서 각별하게 발견해 낸다. 이처럼 전통 악기 속에는 "비울수록 가득 차오르는 목마름"(「수도사, 성진이」)이 들어 있고, "내 몸속 어딘가에서 흐느끼고 있는/ 사랑의 피돌기"(「사랑의 피돌기처럼」)도 숨겨져 있었던 것이다. 그 점에서 시인에게 "음악은 영혼을 위한 양식"(「누구의 유언이기에」)이 아닐 수 없었던 것이다.

이처럼 류영환 시인은 민족 예술을 차분하게 탐색하면서 그 안에 담긴 민족적 원체험과 숨결을 담아내는 작업을 완성해 간다. 원래 '전통' 이란 모든 창작 주체들의 상상력의 원천이자 소재의 보고이며 창작 방법을 규율하는 미학적 전제다. 이때 전통은 연속성과 보편성을 속성으로 하는, 오랜 기간에 걸쳐 공유된 형태적 · 이념적 속성을 대다수 작품에 반영시킨 역사적 구상historical scheme일 터인데, 그것은 오랜 과거가 현재에 물려준 신념, 관습, 방법 등 오랜 역사를 통하여 형성된 한 집단의 문화를 그 집단에 속한 사람들과의 관련성 속에서 바라본 것이기도 하다. 따라서 '전통' 이란 시간의 흐름 속에 형성된 자기 규정성의 핵심적 전제이자 인자인 셈이다. 류영환 시학이 빛나는 지점이 바로 '전통' 이라는 속성이고, 그가 앞으로 가야 할 시학의 향방 또한 이러한 '전통' 의 자장磁場 안에서 눈부심을 더해 갈 것이다.

사촌이 땅을 사면 아니나 다를까
배탈이 나서 아니꿉고 아니꿉다 한다
이른바 자칭 배달민족이 아니라
아뿔싸, 배탈민족이란 지칭이 옳거니
혼자라면 다들 엘리트지만, 오호 애재라!
모이기만 하면 순식간에 오합지졸이 된다
서로가 이해하고 도우며 사는
상생의 이치를 알고서도 모르는 체
질시로 편 갈라 저주의 대못 박다니 어이없다
두뇌를 살리는 스마트폰 하나로
우리가 세계가 되는 오늘이기에 망정이지
기술로 먹고 사는 오뚝이 민족을 위해
누가 이 강철결박 굴레를 풀어 줄까
살결에 연리지로 접붙은 한 몸의 뿌리 가족들
허리를 잇는 통일의 열매 맺어 줄 곳
시인이여! DMZ 그곳을 기억하라

—「배달민족, 연리지 사연」 전문

우리 민족을 일러 '배달민족' 이라 하거니와, 시인은 그 말을 조금 비틀어 그동안 분단의 적대감 속에서 서로 배탈이 난 "배탈민족이란 지칭" 이 옳다고 말한다. 남북이 서로 이해하고 돕고 상생하는 이치를 알고서도 모르는 체 갈라져 살아온 지 오랜 세월이 흘렀기 때문이다. 그 "저주의 대못" 혹은 "강철 결박 굴레" 를 푸는 날, 시인은 "살결에 연리지로 접붙은 한 몸의 뿌리 가족들" 이 살아올 것을 기억해 낸다. 그렇게 "허리를 잇는 통일의 열매 맺어 줄 곳" 으로서 시인은 DMZ에 대한 기억을 요청하는데, 그 안에는 "공유할 때를 기다리는/ 그리움을 안고"(「의자」) 오랜 시간이 흐르고 있고, 그동안 쌓아온 "사랑도 미움도 절망도 그리움도/ 이젠 침묵해야 할 시간"(「시간의 등뼈」)임을 시인은 알아 가게 되는 것이다. 그렇게 류영환 시인은 DMZ의 제유적 상관물은 '연리지' 라는 형상으로 나타낸 것이다. 오랜 시간 동안 전쟁을 한편으로는 지우고 다른 한편으로는 전쟁을 안고 흘러가는 곳, 새들이 노닐고 꽃들이 피어나는 곳의 광활하고 원형적인 자연, 이들을 배경으로 완강하게 버티고 선 저 DMZ를 우리 역사의 가장 커다란 아픔을 잉태한 둘도 없는 공간으로 등장시킨 것이다. 그렇게 류영환 시인은 '전통 악기' 나 '비무장지대' 를 노래함으로써, 우리 공동체에 대한 가없는 애정을 노래한다. 그 애정 또한 류영환 시학의 근원 지향을 보여 주는 양도할 수 없는 심미적 기원이 아닐 수 없을 것이다.

5.

우리가 잘 알듯이, 한 편의 시작품 속에 구현된 시간은 물리적이고 경험적인 시간 자체가 아니라 작품 내적으로 새롭게 재구성된 시간이다. 우리가 '기억' 이라고 부르는 것도 마찬가지다. 그것은 마치 지층에 남아 있는 화석처럼, 마음에 보존된 하나의 흔적이며 표지標識이며 기록이다. 그래서 시인들은 고고학자처럼 의식의 건너편에 내재한 기억의 세계를 우리에게 근원적으로 복원시킨다. 그것이 바로 사물들에 대한 매혹적이고도 아득한 시선으로 나타나는 것이다. 류영환 시학의 가장 뚜렷한 표지는, 그러한 매혹적 시선과 기억의 밀도를 담고 있다. 그러한 표지가 담긴 소품적 시편들을 읽어 보도록 하자.

> 누가 하늘에 성호를 긋는가 했는데
> 알고 보니 별똥별 하나
>
> 산정호수 고요물결 한가운데
> 신이 별똥 하나 떨뜨린다
>
> 그 점이 그리는 지구의 동그라미 하나
>
> 수천 겹 허물 벗고서야 잠잠한
> 광야에 동백 꽃망울 터지는 소리
>
> 도저한 저 소리에 생명숲 짙어 온다
>
> —「별똥별」 전문

하늘에 성호를 긋는 것은 다름 아닌 "별똥별 하나"다. 산정호수 고요한 물결 한가운데에 신이 떨어뜨린 "별똥 하나"가 시인의 눈에 비친 것이다. 호수 가운데 그려진 "지구의 동그라미 하나"는 "수천 겹 허물 벗고서야 잠잠한/ 광야에 동백 꽃망울 터지는 소리"를 들려준다. 그 "도저한 저 소리"를 통해 짙어오는 "생명숲"의 은유는, 시인이 가 닿고자 하는 신성의 극점이기도 하다. 가령 그 고요의 소리는 "세상에 누가 있어 이 화엄고요를 품어 줄까"(「가랑잎 만추晩秋」) 혹은 "그 여운에 젖어 화엄 세상에 든다"(「여명을 알리다」)와 같은 아 아름다운 표현에서의 그 '화엄 고요'를 빼닮았다. '별똥별'이 전해 주는 흔적의 전이転移 과정이 고요하고 아름답다.

원래 현대의 시인은 자신의 시를 '자연'에서처럼 창출할 수 없다. 이전의 낭만주의자들은 '숲'을 자신의 양도할 수 없는 성소聖所로 묘사하고 '숲'의 신비로운 소리를 통해 신성神聖에 가닿기도 했지만, 현대의 시인은 그 '숲' 한가운데서도 도시에서의 불가피한 실존을 생각하는 삶을 살아간다. 이처럼 숭고함으로서 자연미가 소멸되고 자연과의 낭만적 교감도 사라진 시대에, 시인은 다만 감각적 재생과 새로운 상상력을 통한 창조물을 드러낼 수 있을 뿐이다. 가스통 바슐라르G. Bachelard는 "이미지 생성은 인간 존재의 근본적 움직임인 역동적 상상력에 의해서 이루어진다."고 하였는데, 류영환 시편에서 이러한 물질적이고 역동적인 자연의 상상력은, 시인으로 하여금 '숲'에서 '나무'에서 '지상'에서 새로운 창조물을 길어 올리게끔 하는 수원水源의 역할을 하고 있는 것이다. 그만큼 시인에게 자연은 "산허리 스쳐 지나는/ 흰 구름 따라/ 지난 삶의 자취를 지워 가야 하는"(「달맞이꽃」) 소명을 지속적으로 허락하고 있는 것이다.

하늘 끝자락 차마고도茶馬古道인가

태풍 끝 오체투지의 가랑잎 하나
싸리비에도 쉬이 쓸리지 않는다

텅 빈 충만의 만근 고요가 흔들리더니

염천 햇살 키우고 나서, 바람이
꺾인 허리등뼈 곧추세운다

—「태풍 지난 후」 전문

태풍이 지나간 후 시인은 "하늘 끝자락 차마고도"를 연상케 하는 "오체투지의 가랑잎 하나"를 발견한다. 싸리비에도 쉬이 쓸리지 않는 그 가녀리고도 완강한 자연의 실재 앞에서 시인은 "텅 빈 충만의 만근 고요"가 흔들리는 것을 새삼 응시한다. 그것이 결국은 "염천 햇살 키우고 나서, 바람이/ 꺾인 허리등뼈 곧추세운" 소중한 흔적임을 알아 가는 것이다. 시인에게 자연 사물은 "누구나 제 안의 속도로 세월을"(「나비효과」) 살아가고 있고, 한결같이 "햇살 따스한 관심과 배려"(「비로소 되살아난다」) 속에서 생명을 이어가고 있는 것이다. 이처럼 류영환 시인은 생명의 다양한 표징을 일구면서 자연 사물들 속에 깃들여 있는 평등하고 무등한 생명의 원리들을 안아 들이는 넓고 깊은 품을 보여 준다. 나아가 이러한 너르고도 깊은 품과 격을 바탕으로 하여 자신의 자화상을 섬세하고도 겸허하게 그려 간다.

삶이 힘들고 하루하루가
버거울 때면 나그네 되어
저 머언 지평선을 찾아나선다

외기러기 날아도
달그림자 없어 슬퍼하는
백야白夜의 긴 여로에

알파요 오메가인
하늘에서 낮게 내려와 다시
땅을 애무하며 자화상을 그린다

거기 묵묵히 서 있는
한 그루 나무십자가를 본다

—「자화상」 전문

류영환 시인은 스스로에게 유목적 상상력을 부여한다. 하루하루의 삶이 힘들고 버거울 때 시인은 스스로 '나그네' 가 되어 "저 머언 지평선"을 찾아 나선다. 가령 그것은 "내 영혼의 뼈대가 아직 단단하고/ 마음 그늘 이다지도 어두운데/ 하늘이 내 한 생애처럼 무겁다"(「나뭇잎 경經」)고 할 때의 그 '무거움' 을 반영한다. 이때 '저 머언 지평선' 은 그가 응시하는 "하늘 품 안에 깨어 있는 나의/ 중심을 잡아 주는 그분"(「그 분은 누구신가」)을 은유하는 것일 터이다. 그렇게 "외기러기 날아도/ 달그림자 없어 슬퍼하는/ 백야白夜의 긴 여로"는 "알파요 오메가인/ 하늘" 에서 시작되어, 그가 적극적으로 긍

정하고 옹호하는 “땅”에서 완성되는 자신만의 자화상일 것이다. “거기 묵묵히 서 있는/ 한 그루 나무십자가”야말로 “물방울 성자의 노동”(「메멘토 모리」)처럼 “마침표 아닌 다만 쉼표로 머물기만을”(「씨알 묵상 중－시월 경인아라뱃길에서」)바라는 시인의 겸허하고도 헌신적인 삶의 태도를 보여 준다. 이처럼 시인은 자연 사물들을 통해 신성의 다양한 흔적을 재구하면서, 스스로는 ‘저 머언 지평선’을 찾아 떠나는 유목적 존재론을 펼쳐 낸다. 신성과 세속을 통합하는 과정 속에서 발견하는 근원 지향의 심미적 기원을 집중적으로 노래한다. 아름답고 에너지틱한 지속성과 일관성이 아닐 수 없다.

6.

최근 우리는 초월적이고 영적인 실재보다는 물리적이고 감각적인 표상에 모든 가치를 부여하는 시대를 살아가고 있다. 흔히 디지털 시대를 추동하는 이러한 감각과 기율은 우리의 정신과 육체 속에 깊숙이 내면화되고 있다. 하지만 이러한 시대는 삶의 오랜 정체성을 파괴하고 동시에 전통적 가치에 대한 혼란을 드러내게 된다. 이때 이러한 가치의 균열을 치유하고 극복하려는 시적 비전vision이 우리에게 적극적으로 필요해지게 되는데, 류영환 시편들은 바로 이러한 시적 치유의 비전을 가멸차게 노래하는 유력한 사례로 우리에게 다가오고 있다. 그 점에서 감각적 실재를 넘어서면서 영혼을 충일하게 하는 류영환 시인의 시세계는 그의 시편들을 여느 서정시와 분별케 해 주는 궁극적인 원형이 아닐 수 없을 것이다. 그렇게 류영환 시학은 그 성스럽고 고요하고 먼 곳으로 천천히, 그러나 누구보다도 역동적으로, 한 걸음 한 걸음씩 나아가고 있다. 그래서 우리는, 그 발걸음이 비록 고단할지라도, 서정시의 위의와 가치를 가없이 신뢰하는 그의 적공과 연단이 더욱 깊어진 심미적 형상들을 일구어 가기를, 마음 깊이 희원해 보는 것이다.

시인 석천 류영환

1937년 경남 양산에서 출생
부산고등학교 재학 시절부터 고 김수남, 고 김민부, 이상택 교수 등과 문예반 활동
한국외국어대학교 영어영문학과 재학 시절, 『생명의삶』과 〈기독신문〉 등에 빛과 생명의 신앙시 다수 기고
미 제8군 제1군단(의정부)에서 제대 후 종합무역상 (주)세진상역 설립, 사업에 전념
1998년 계간 『주변인과 시』, 동인지로 작품 활동 재개
2009년 계간 『시와시학』으로 등단
시집 『빛과 생명』 『시라는 칸타빌레』 『별똥별 연가』 『물방울 성자』 『그 먼 곳』 『산정수훈』 외 동인시집과 시화첩 다수 있음
현재 한국기독시인협회 자문위원, 한국시인협회 회원, (주)글로리아파크 대표이사 회장, 진화랑 · 진아트센터 명예회장, 새사람선교회 · 새사람교회 명예장로

E-Mail : yyh3793@hanmail.net

산정수훈

지은이 | 류영환
펴낸이 | 김재돈
펴낸곳 | 도서출판 시와시학
1판1쇄 | 2015년 4월 1일
출판등록 | 2010년 8월 10일
등록번호 | 제2010-000036호
주소 | 서울 종로구 명륜동1가 42
전화 | 744-0110
FAX | 3672-2674
값 8,000원

ISBN 978-89-94889-86-3 03810